Il était une fois…

Patrick Bruel

Photos : Jean-Luc Pariente //Flo - Eric Ferrec / Lecœuvre photothèque

Edité par les Editions de la Lagune - 52, avenue des Ternes - 75017 Paris

ISBN : 2 - 84969 - 012 - 0 • Dépôt légal : 4e trimestre 2005

Imprimé en France par SAGIM Canale

Fabien Lecœuvre

Il était une fois...
Patrick Bruel

Editions de la Lagune

1

L'enfance, d'Algérie en métropole

Patrick Benguigui naît en Algérie le 14 mai 1959, par 3‘ 38” de longitude ouest et 34‘ 53” de latitude nord. À Tlemcen, exactement, une ville de l'ouest oranais dont on a longtemps dit qu'elle était la cité “des beaux cavaliers, de l'air et du feu”.

Située à 800 mètres d'altitude, les hivers y sont froids et les printemps précoces, qui transforment cerisiers et pêchers en un océan de pétales immaculés. L'enfant, qui dans vingt ans va devenir un phénomène de la chanson française sous le nom de Patrick Bruel, joue sous les oliviers centenaires et plisse les yeux sous le soleil qui gifle les murs blancs. Il respire un air qui a le parfum des oranges, de la grenade et de la térebinthe.

Ce riche terreau, il saura s'en inspirer et le respirer au moment de jouer dans son premier film, « Le coup de sirocco », mis en scène par Alexandre Arcady. Le bonheur est là, à la portée de ses petits doigts, et pourtant, sans le savoir, il vit au cœur de la pire des tragédies.

Cinq ans plus tôt, à peine la guerre d'Indochine terminée, le sang s'est mis à couler en Algérie. Jusqu'ici, indigènes et Pieds noirs d'origine européenne se cotoyaient sans heurts mais aux Algériens musulmans qui ont aidé à libérer la France du joug nazi, Paris a fait des promesses qui n'ont pas été tenues. Les nationalistes ont fait leur lit de l'injustice et de l'ingratitude de la métropole, et d'attentats en représailles, de massacres en carnages, ce qu'on s'obstine encore à considérer comme de malheureux « événements » a fini par dégénérer en une vraie guerre.

Il n'y a pas que des riches colons chez les Pieds noirs, mais essentiellement de modestes travailleurs, de petits commerçants et des fonctionnaires enracinés à cette terre à la fois âpre et généreuse. La maman de Patrick, Augusta Benguigui, est institutrice et Israélite. Les Israélites sont respectés en Algérie et forment une communauté soudée. Tlemcen a été longtemps surnommée « la Jérusalem du Maghreb », car Arabes et Juifs y gardaient leurs lieux saints.

Patrick naît donc dans un pays en guerre. Bientôt, ce seront les barricades d'Alger, puis le putsch des généraux, les massacres d'algériens dans les rues de Paris, et enfin le cessez-le-feu négocié à Evian.

Aux derniers soubresauts de l'OAS succèdera la proclamation de l'indépendance algérienne, le 3 Juillet 1963, et deux siècles de cohabitation aussi affectueuse qu'ambiguë entre Européens et Arabes s'achèvent dans la douleur, la confusion et l'amertume.

1963: un paquebot surchargé de passagers traverse la Méditerranée. Sur le pont, un petit garçon de quatre ans et une belle femme appuyés l'un sur l'autre, en route pour l'inconnu.
Patrick fuit l'Algérie avec des milliers d'émigrants. Car c'est ce qu'ils sont, maintenant,

les “Pieds noirs” : des errants, des déracinés, des Français qui ne connaissent pas la France.

Comme deux millions d’apatrides, le petit garçon de Tlemcen va devoir se refaire une vie sous un autre ciel, dans un autre climat, loin de l’odeur de l’Algérie, de ses couleurs et de sa douceur.

Sur les photos en noir et blanc de ce temps-là il a ce regard perdu des enfants qui en savent autant que les grands. Sur un autre bateau – ou sur le même ? – le jeune Enrico Macias, vingt ans, étreint le manche de sa guitare.

De ce qu’ils sont en train de vivre, peu de femmes et d’hommes sortiront intacts. Ils seront broyés ou en sortiront plus forts.

Le gamin, lui, a un handicap dont il va faire un atout : il n'a pas de père. « Il s'est mal comporté », élude-t-il si l'on s'aventure à lui demander qui était son géniteur.

Pudeur des gens du Sud, sens de l'ellipse qui cache une profonde colère : la blessure est là.

Est-ce la raison pour laquelle il a tant tardé à avoir un enfant lui-même ?

Ce qu'on sait, c'est que son géniteur est parti quand il n'avait qu'un an et que sa mère s'est mise en quatre pour remplacer cet amour-là par un amour deux fois plus fort. Patrick a appris à vivre sans appeler « Papa ! », il a grandi sans qu'une grosse voix lui indique le chemin.

Mais quel petit garçon peut se passer durablement de modèle, d'idole et d'adversaire ?

À qui s'identifier, se comparer, et comment aimer quand on n'a pas été aimé?
Patrick n'est pas orphelin, il est abandonné : en un sens, c'est pire.
Sa mère a été reniée deux fois, à travers elle, à travers lui : c'est odieux.

Il leur faut à tous les deux beaucoup de courage et de dignité pour porter cette marque au front et au cœur, dans ces années 60, dans un milieu où tout se voit, se sait et se répète.

Leur arrivée en métropole dilue leur malheur particulier dans le malheur commun. Ils débarquent à Marseille avec trois valises et des vêtements trop minces pour les hivers de la métropole, et prennent le train pour Paris, où ils ont de la famille. Un voyage épuisant de plus de dix heures. L'enfant ouvre de grands yeux : de son compartiment, il voit les voitures se suivre sur la nationale 7 – jamais il n'en a vu autant. Et tout est vert, les prairies, les champs et l'horizon, il n'y a pas de mosquées mais des églises, et des vaches dans les champs, par centaines.

Arrivée gare de Lyon. Bruit, bousculade. Sans doute pleurent-ils, là, dans les bras l'un de l'autre, sous la verrière grise qui leur cache un ciel sans couleurs. Le soleil n'est plus là pour mettre un baume sur leur immense douleur d'avoir tout perdu.

Ils logent petitement en hôtel, dans un premier temps. Madame Benguigui court les administrations, les bureaux d'entraide, et tente de joindre leurs amis pieds noirs, perdus comme eux dans la grande ville indifférente. Le gouvernement a promis des indemnisations, mais quand ?

Première bonne nouvelle dans cette avalanche de malheurs : la fonction publique recase l'institutrice de Tlemcen dans une école d'Argenteuil, Val d'Oise. Cela veut dire un toit, un salaire. Le répit, enfin.

À la rentrée 63, les voilà donc sous un ciel couvert, au milieu des poteaux électriques, des maisons de meulière et des barres d'immeubles dont ils ne soupçonnaient pas même l'existence.
Augusta et son fils courent les magasins pour acheter le cartable du petit, des livres et des cahiers... La vie redémarre.

Miracle de l'enfance : le petit Benguigui devient en quelques semaines un banlieusard dégourdi. Il a cinq ans, tout l'étonne, tout le ravit, tout le questionne. Bientôt, il se fait ses premiers copains, compose sa première bande.

Ce ne sont plus les petits arabes en djellaba poussiéreuse avec lesquels il jouait au foot, mais d'autres, fils de ceux qui travaillent sur les chantiers, chez Renault à Billancourt, ou à Gennevilliers sur le port... Des Polonais aussi, des Portugais, des Turcs, des Marocains, et même des "parisiens têtes de chiens" dont l'accent vaut bien le sien, lui le petit juif Pied noir aux cheveux bouclés.

Argenteuil, quand on a sept ans, quand on a huit ans, quand on a tout son temps, c'est un paradis qui fait penser irrésistiblement aux photos de Doisneau. Il y fait bon vivre, et il fait bon être le fils de l'institutrice... Position privilégiée entre toutes : il est près du Savoir, au centre du Pouvoir. L'école est à lui, c'est sa maison. Il peut s'enorgueillir de tutoyer les maîtres et maîtresses de l'école et, en cachette, il recopie les notes des copies corrigées par sa mère pour les donner aux copains. Le samedi et le dimanche, il tape le ballon dans la cour déserte, il joue aux petites autos dans les classes qui sentent bon la craie et l'encre violette, et il chante à tue-tête dans le réfectoire vide.

Comme il chante bien, mon Patrick ! s'extasie Augusta. Elle est à mille lieues de se douter de ce que son fils fera de ce talent particulier. Chanteur, pour elle, ce n'est pas un métier, c'est un destin.
Il faut être Maurice Chevalier, Charles Trenet ou André Claveau pour vivre en chantant. Les autres, le public, fredonnent « Cerisiers roses et pommiers blancs » , esquissent un pas de cha-cha-cha sur « Si tu vas à Rio » de Dario Moreno, ou répètent sous leur douche « Scoubidou-bidou, ha ! », le tube qui a lancé le neveu de Ray Ventura, Sacha Distel.

Quand il fait beau, l'enfant joue sous le préau. Un copain passe-t-il dans la rue, qu'il le salue du haut vers le bas : n'est-il pas le roi de l'école ?
« Laisse béton » chantera dans dix ans son ami Renaud, lequel est né sept ans avant lui, presque au jour près, mais qui vit à Paris, dans le XIVème.

C'est donc le bonheur, de nouveau.
Sous un autre ciel, mais sans bruits de bombes, sans cavalcades de gardes mobiles dans les escaliers de la casbah, sans nouvelles angoissantes à la radio.
Patrick est assuré d'être aimé de l'institutrice, même si elle fait semblant d'être sévère avec lui, pour ne pas faire de jaloux.
Il est son préféré, son meilleur ami, son grand amour, il est son fils avec tout ce que l'exubérance pied noir met dans ce mot :

son fils ! Le charge-t-elle d'une revanche sur le deuil d'une terre adorée, l'exil, la solitude ? Le soir, mine de rien, elle lui donne des cours particuliers en mathématiques ou en français, en épluchant les pommes de terre...

Il était trop jeune pour se rendre compte que l'Algérie était en guerre, il est assez vieux pour goûtter la paix en France. Paris est tout près, par le pont d'Argenteuil, et par le train, il n'y en a que pour vingt minutes. Ils y vont faire des courses, le samedi, tous les deux en amoureux.

Ils remontent les grands boulevards, passent devant l'Olympia, sans se douter qu'un jeune chanteur nommé Bruel y sera tête d'affiche un jour. Des Galeries Lafayette au Printemps, le quai de la Mégisserie au printemps, avec ses perroquets et ses lapins : la capitale tout entière est une immense promesse, une sorte d'Afrique blanche, peuplée de mystères, de sorciers et de salles obscures – le cinéma est la grande passion de Patrick, avec le football. Cette année-là, ils voient « Playtime », de Jacques Tati.

De Gaulle aux commandes, la France est devenue une puissance nucléaire. Elle lèche ses plaies et profite pleinement des « trente glorieuses », ces années d'expansion continue qui feront entrer la télévision, les réfrigérateurs et la voiture dans des millions de foyers modestes.

L'Histoire est partie traîner ses guêtres sanglantes ailleurs : le Président Kennedy a été assassiné à Dallas, Berlin est coupé en deux par un mur, le Tibet se soulève contre l'occupant chinois.

Mais la mort atomique a beau rôder dans le ciel vingt-quatre heures sur vingt-quatre à bord de bombardiers octoréacteurs russes et américains, il y a tout de même de bons moments : le satellite Lunik s'approche à 6000 kilomètres de la Lune, et bientôt ce sera le premier homme dans l'espace – un Russe, encore.

À la radio, Henri Salvador chante « Zorro est arrivé », les skieurs français triomphent à Innsbruck. La vogue du "hula hoop" – un cerceau de plastique que l'on fait tourner sur les hanches – se répand comme une traînée de poudre.

Le petit garçon de Tlemcen a compris obscurément que ce mélange de futilité et de drame, c'était la vie. Il gardera de son enfance un souvenir ému et tranquille.

Il grandit. Il aime Brel et Brassens, et rêve de devenir joueur professionnel de football.

Rien de très original, somme toute, mais les vagues de fond qui ébranlent le vieux monde vont bientôt résonner en lui.

2

Une adolescence en musique

1959, l'année de sa naissance, c'est l'année où la chanson de papa commence à reculer sous les attaques conjuguées de jeunes voyous bardés de cuir noir et de guitares électriques : les rockers.
Ils sont la voix de ces millions et millions de jeunes qui étouffent dans une société où les des mœurs sont encore celles des années d'avant-guerre.

Enfin, le couvercle se soulève ! Enfin ce monde plein d'anciens combattants, de politiciens magouilleurs, de curés et de pères-la-pudeur se fissure !

Pour comprendre leur joie, il faut se remettre dans l'esprit de ces années 60 à leur tout début. Brassens passe pour vulgaire aux yeux des braves gens, Ferré révulse la bourgeoisie pincée, on tolère tout juste la sulfureuse Juliette Gréco. Gilbert Bécaud est le grand chanteur populaire, on admire la pétulante Zizi Jeanmaire, et Aznavour parce qu'il est triste et langoureux.
Déboule alors une idole américaine, icône des camionneurs et des motards : Elvis Presley. Ses rotations de hanches lascives et ses coups de reins suggestifs vont sonner comme un coup de tonnerre dans le paysage ronronnant de ce qui est encore le music-hall et que l'on n'appelle pas encore le show-business.

La jeunesse, qui jusqu'alors avait suivi sagement les goûts de ses parents, s'enflamme.

Arrive ce que l'on appelle le « yé-yé ». En quelques mois, les concerts et les salles de spectacle deviennent des champs de bataille : les fans de Johnny Hallyday cassent les fauteuils, Richard Anthony la baraque, et "Les Chaussettes noires" les oreilles.

Les clones français d'Eddie Cochran, de Buddy Holly ou de Vince Taylor sortent comme champignons après la pluie – certains dotés d'un talent qui, avec les années, égalera celui de leurs modèles. Ainsi, Eddy Mitchell, ou encore Dick Rivers…
En orbite autour de ces supernovae, des étoiles poussent triomphalement la chansonnette : Sylvie Vartan, Françoise Hardy, Sheila…

Patrick n'est encore qu'un enfant quand explosent les Beatles, ces gamins de Liverpool qui vont révolutionner toute une génération.
Après le débarquement américain, voilà donc un raz de marée d'outre-manche : les Beatles, mais aussi les Rolling Stones, les Talking Heads, les Who ...

La chanson française résiste dans son coin, avec des gens de qualité qui sont là depuis longtemps – les Tachan, les Ferrat, les Nougaro, et bien d'autres, véritables écrivains que le yéyé n'a pas tués et qui se remettront de cette anglomanie forcenée.

Claude François débute une carrière de chanteur dynamique, suivi par un Michel Delpech lymphatique, un Dutronc sarcastique, et un Joe Dassin romantique...

Arrive 1968. Grève générale, les magasins sont tous fermés. Les ordures s'entassent dans les rues, il n'y a pas d'école mais il flotte une curieuse odeur de liberté et de fraternité dans les rues d'Argenteuil.
Des banderoles couvertes de grands mots inscrits à la peinture rouge claquent dans le vent chaud.

Derrière les murs d'usines, on entend chanter "l'Internationale", des étudiants montés de la capitale tentent de fraterniser avec les ouvriers qui, méfiants, les repoussent. Une bonne moitié du pays s'amuse, tandis que l'autre se terre en croyant à la fin du monde. Dans un sens, elle n'a pas tort.

De Gaulle est débordé par cette gigantesque récréation, Madame Benguigui écoute Europe 1 sur son transistor, et elle se réjouit : elle n'a jamais aimé ce général qui, à ses yeux, a trahi les Pieds noirs et bradé l'Algérie aux Algériens.

En ce joli mois, de mai, Patrick fête ses neuf ans. Ce jour-là, les étudiants mettent à sac la rue Gay-Lussac.
Bon anniversaire, mon Patounet…

Et la vie reprend, car elle reprend toujours, et elle reprend en chansons. Le vieil anar Léo Ferré s'offre une seconde jeunesse avec quelques opus éblouissants : « Avec le temps », « Amour-Anarchie », « Quartier Latin », « C'est extra »… Lama fait un tabac avec « Les ballons rouges », Maxime Leforestier avec « Les parachutistes » et Michel Sardou joue les réac's de service (« Si les ricains n'étaient pas là »)… Comme quoi, tout arrive, même quand rien n'arrive. En attendant, il semble que les jours se traînent à Argenteuil, sous le ciel bas de l'Île-de-France. La nostalgie s'empare alors d'Augusta Benguigui : là bas, au moins, les oranges étaient sur les arbres...

Mais, début 1970, la voilà qui rit : elle est heureuse, elle est amoureuse. Un beau-père entre dans la vie de Patrick, qui ne s'y attendait pas et le prend mal. Lui qui a longtemps formé un petit couple avec sa mère, lui qui était le préféré, voilà que son monde s'écroule pour la seconde fois. Il ne s'entend pas avec cet inconnu qui semble avoir tous les droits à la maison, à commencer par celui de lui faire deux demi-frères sans lui demander son avis : David et Fabrice. Ils déménagent à Paris, dans le XIIIème arrondissement. La vie n'est pas toujours facile dans cette famille reconstituée, Patrick se sent rejeté, et il aura du mal plus tard à être heureux.

Troisième, quatrième, troisième, seconde, le lycéen Patrick a souvent l'impression de rétrograder, voire de patiner, mais il est en train d'avancer sans s'en rendre compte. Il respire l'air du temps, il joue toujours au foot et rêve plus que jamais de devenir professionnel. Il va au ciné, aussi, et est impressionné par Piccoli dans « Les choses de la vie », le très beau film de Claude Sautet. Comment pourrait-il songer alors que, dans une vingtaine d'années, il lui donnerait la réplique dans un film d'Agnès Varda ?

Petit à petit, la musique entre sans sa vie. Il aime Jimmy Hendrix, Eric Clapton, Jeff Beck, il va en boum avec sa grande mèche sur le front et sa « gratte » acoustique en bandoulière. Toutes les filles craquent pour ce beau garçon aux grands yeux noisette et au sourire éblouissant.

Il faut imaginer ce futur phénomène de la chanson, en pantalons “pattes d’eph”, chemise à col “pelle à tarte” et mocassins, filant au Pub Renault en fin de semaine.

En ce temps-là, les filles sont fagotées baba-cool – sabots de bois, colliers et blouses indiennes. L’homme a marché sur la Lune, Pompidou est président de la république, les fedayins palestiniens font sauter des avions, et la terreur règne en Ulster. Mais une première foire du sexe se tient à Copenhague, et l’équipe de la RFA, emmenée par Beckenbauer, a remporté la Coupe du monde de football 1974…

Rencontres, hasards, attente… La personnalité pudique et claire de la future idole des adolescentes se construit peu à peu, toute en appels d’air et rêves de grandeur.

On n'est pas sérieux quand on a dix-sept ans, versifiait Rimbaud. Ce n'est pas toujours vrai. Patrick passe son bac en 1978, entre en fac, mais arrête les études dans la foulée : une façon comme une autre de punir son institutrice de mère de s'être remariée. Ou alors, il n'a pas la patience d'attendre pour vivre…

Florent Pagny a fait exactement la même chose deux ans plus tôt, et il galère dans les rues de Paris. Picasso est mort, Fernandel est mort, Luis Mariano est mort, de nouvelles générations s'avancent et, sans le savoir, Patrick s'avance avec elles, vers ce qui sera son destin.

Mais quand on ne veut pas devenir fonctionnaire ou entrer dans une école de commerce, que faire en attendant le destin ? Chanter, bien sûr.

3

Les escaliers de la gloire

Et voilà Patrick gentil organisateur au Club Méditerranée ! La planque idéale pour ceux qui n'ont pas de vocation très affirmée : on est payé (peu), nourri (à volonté), logé (à plusieurs, et de façon exiguë), mais le soleil brille toute l'année et les clientes du Club craquent volontiers pour les beaux moniteurs.
Sea, sex and sun, c'est la belle vie...

Le soir, Patrick anime les soirées chantantes avec sa guitare. Il connaît des dizaines de chansons par cœur – les Beatles bien sûr, Joe Dassin, Gérard Lenorman, Antoine, Cat Stevens, Bob Dylan... Sa voix chaude et naturelle emporte l'adhésion.

Pour autant, le futur Bruel ne se contente pas de ces succès faciles. Comme Thierry Lhermitte, lui aussi G.O. un peu avant lui, il est à l'affût d'autre chose. Il hume l'air du temps, il lit les petites annonces.
Tiens, justement, dans France Soir, on cherche un jeune homme dans son genre, grand, mince, avec l'accent pied-noir, pour tourner dans un film.

Le réalisateur s'appelle Alexandre Arcady, le film s'appellera « Le coup de Sirocco ».
Patrick téléphone. On lui donne rendez-vous pour un casting.
Sa vie bascule ce jour-là.

« Le coup de Sirocco » raconte l'exode des Pieds noirs d'Algérie en 1962.
Patrick connaît son sujet sur le bout des doigts, mais Alexandre Arcady et ses deux premiers rôles, Marthe Villalonga, Roger Hanin, le connaissent par cœur eux aussi, bien sûr.
Leurs talents conjugués donnent une remarquable peinture de la société des Français d'Algérie avant l'Indépendance.

Patrick en profite pour se faire d'Alexandre un ami fidèle, qu'il retrouvera plus tard.
Lequel des deux, au moment de construire le générique, décide de changer le nom de Benguigui en Bruel ?
Bruel, c'est comme Brel, avec une lettre en plus, ce "grand Jacques" qui va mourir le 9 octobre 1978, à quarante-neuf ans, loin de ses chères Marquises...

Pour Patrick, c'est une seconde naissance. Un nouveau nom, pour ne rien devoir à son passé, mais le petit Benguigui sera toujours là, riche de ses trésors d'enfance, explique-t-il à Augusta.

Est-il pour autant tiré d'affaire ? Non. Suivent des mois de galère. Visiblement, personne n'attend Patrick Bruel dans le cinéma français.

Alors il fait son sac. Il a vingt ans, il est libre, il en profite. Il file aux USA...

Il va y rester une année. Bars, boîtes de nuit, petits boulots, apprentissage de la route... C'est là-bas qu'il rencontre celui qui va devenir son grand ami, le frère, le mentor, l'accompagnateur, le confident. Il s'appelle Gérard Presgurvic.

Leurs rêves se ressemblent, ils rentrent ensemble en France. Patrick démarche.
Il est repéré par une directrice de casting, Margot Capelier.
Quelques photos du beau brun, un CV, ses mensurations et le voilà dans le book d'une agence.

Le book commence à circuler dans les milieux du théâtre et du cinéma.
Mais de la chanson, il n'est pas question.

Premier rôle au théâtre, dans « Le charivari », de Pierrette Bruno... Sur TF1, Arthur nous a régalés récemment d'une chute de pellicule montrant un grand escogriffe habillé en jaune canari et dansant avec des grâces de girafe : c'était Patrick...
Mais il faut bien commencer... D'ores et déjà, il frappe par son naturel.

1981. La gauche arrive au pouvoir en France, John Lennon a été assassiné l'année précédente. Le Prince Charles épouse Lady Diana, et Patrick trouve un producteur qui lui permet d'enregistrer un premier 45 tours – car on en est encore aux disques en vinyle, mais plus pour longtemps. Ça s'appelle « Vide » : drôle d'idée... Avec un titre comme celui-ci, le disque ne pouvait que passer inaperçu, et ça ne manque pas.

Heureusement, Patrick est embauché dans « Ma femme s'appelle reviens » (1981), de Patrice Leconte, avec Anémone et Michel Blanc – ce même Michel Blanc qu'il retrouvera trois ans plus tard, celui-ci réalisant alors son premier film.

Dans la foulée, il tourne « Les diplômés du dernier rang » (1982), un film de

Christian Gion qui se laisse aisément oublier. Il y croise Michel Galabru, immense acteur qui se perd parfois dans ce genre de figurations faciles...

Et après « Le bâtard » (1982), de Van Effenterre, avec la belle Julie Jezequiel, retour chez Arcady pour « Le grand carnaval » (1983).

Patrick Bruel n'est encore qu'un nom noyé parmi des centaines d'autres dans les agendas et les books des agents de spectacle, mais le gamin de Tlemcen a déjà fait un bout de chemin.
Il enchaîne les panouilles, les petits concerts, il vit la vie de tous ceux qui y croient mais en qui personne encore ne croit. Il fait ce qu'il faut faire pour percer. Quand cette année-là, il enregistre « Marre

de cette nana-là », la chance, qui se faisait attendre, lève un sourcil. À qui est cette voix puissante, cette mélodie agréable, ce ton à nul autre pareil ? Les programmateurs radio font tilt. Le disque passe et repasse. La télé enchaîne.

Patrick fait un carton. Son premier carton ! Le grand Duduche des années 80 a trouvé son public : les jeunes filles. On peut rêver pire.

« Marche à l'ombre », le fulgurant succès cinématographique de l'année 84, où Patrick joue avec Gérard Lanvin et Sophie Duez, conforte son image de jeune homme doué. Il n'a évidemment aucun mal à sortir « Comment ça va pour vous » en 1985, dans le même registre de la chanson allègre au refrain qui se retient bien.

La même année, le film « P.R.O.F.S », de Patrick Schulmann (récemment disparu), devient un phénomène de cinéma. Et qui est au générique ? Patriiiiiick !!!
Décidément, le succès mène au succès.

Des choix judicieux, des interprétations épatantes, ce garçon a décidément tous les dons, dont celui de sortir par la porte du cinéma pour entrer par la fenêtre de la chanson, et inversement.

Ce n'est pourtant pas si évident.
Chanter, c'est facile, se disent beaucoup d'acteurs, qui nantis en tout et pour tout de leur notoriété et d'un filet de voix, ne résistent pas au plaisir de pousser une chansonnette insipide sur des arrangements d'hier. Passons sur les noms... Idem pour les chanteurs : la tentation est forte de passer

devant la caméra, sous le prétexte qu'ils connaissent déjà les feux de la rampe.
Ça n'a pas si mal réussi à Montand, Dutronc, Brel, Souchon, oui, mais les autres ?
Là aussi, taisons les noms, par pudeur !

Patrick, lui, a passé la ligne. De comédien, il est devenu chanteur, puis de chanteur il est redevenu comédien, avec la même aisance. Comme Jeanne Moreau, Serge Reggiani, Jane Birkin, Eddy Mitchell, Vanessa Paradis... Il réussira même à tel point qu'on peut se demander s'il était d'abord un acteur ou essentiellement un chanteur. Il aura, en tous cas, réuni autant de spectateurs que d'auditeurs en vingt ans de carrière.
Mais n'allons pas plus vite que la musique.

Alors que toute la France fredonne « Marre de cette nana-là », Patrick retourne au théâtre dans « On m'appelle Emilie », de Maria Pacôme. Puis il tourne trois films coup sur coup : « Champagne amer » (1986) de Riaha Behi (qu'il retrouvera l'année suivante pour tourner « La mémoire tatouée » avec deux partenaires prestigieux : Ben Gazzara et Julie Christie); « Suivez mon regard » de Jean Curtelin, avec Stéphane Audran; enfin, « Attention, bandits », qui voit le début de sa collaboration avec Claude Lelouch. Sa chanson « Tout le monde peut se tromper » servira de générique au film.

Lelouch, c'est plus qu'un cinéaste, c'est un chef de tribu. Avec lui, Patrick intègre une seconde famille, chaleureuse, soudée, peuplée de femmes étourdissantes. Les deux hommes sont sur la même longueur d'onde. La même année, il enregistre son premier album, « De face ».

Il l'a écrit avec Presgurvic, bien sûr. Deux singles, un album, un passage à l'Olympia l'année suivante, et le « live » qui sort dans la foulée : il va bientôt falloir assurer, faire des concerts.

On est loin du gentil organisateur du Club Med qui faisait tourner les têtes au coin du feu...

Patrick doit gérer maintenant un agenda surchargé, répondre aux innombrables sollicitations, tout cela en satisfaisant sa passion pour les matchs de foot (c'est un inconditionnel du Paris Saint-Germain) le tennis, les voitures et les demoiselles...

C'est en 1987 qu'il fait son premier Olympia, passage obligé pour la gloire. Son nom s'étale en lettres énormes sur le fronton du music-hall, là où ont chanté et chantent encore les plus grands, les Ferrat, Ferré, Sardou, Trenet, Montand, Aznavour...

A-t-il pensé ce jour-là au petit garçon qui, dix-huit ans plus tôt, levait les yeux sur la façade et serrait très fort la main de sa maman ? Evidemment oui.

1987, c'est aussi l'année de « La maison assassinée » de Georges Lautner, d'après le beau roman de Pierre Magnan. C'est son premier film en costume, et il a pour partenaire la délicieuse Anne Brochet.
Il enchaîne avec « Force majeure » de Pierre Jolivet, et termine l'année 88 avec « L'union sacrée », d'Alexandre Arcady.

4

Le phénomène Bruel

La fin des années 80 sera pour Patrick Bruel la consécration. Il enregistre une merveille, l'album de la maturité avant l'heure, qui s'intitule « Alors regarde », et il n'y a dedans que des tubes, ou presque. À commencer par « Place des Grands hommes », un petit bijou d'écriture et de sensibilité, mais aussi « Décalé » et « J'te l'écris quand même ». Il a travaillé à la fois avec les studios Polygone de Toulouse et le Hit Factory de New York. L'album est produit par Mick Lanaro pour BMG-ARIOLA France, le même qui a produit

le fantastique « Nougayork » de Nougaro, et, bien sûr, les textes sont de Presgurvic et Bruel : un tiercé gagnant.
Le simple « Casser la voix » sert de détonateur à ce qui va devenir le « phénomène Bruel ».

Aujourd'hui encore, Patrick n'aime guère parler de ce qui s'est passé alors. A-t-il bien compris lui-même ce qui se jouait alors ? A-t-il été gêné par l 'énormité de son triomphe ? Il a été dépassé, en tout cas, par cette vague de fond émotionnelle qui précipite des centaines de milliers de ses fans à sa porte et va changer sa vie du tout au tout pour plusieurs années.

Ce succès immédiat, disproportionné, monumental, il l'avait peut-être espéré, mais il ne l'avait pas prévu. Et surtout, il n'avait pas pensé qu'il cesserait d'être un homme pour devenir un dieu-vivant pour des gamines romanesques.

Car ce sont les filles qui ont plébiscité Patrick. Elles l'ont choisi, lui et pas un autre, pour incarner leur idéal masculin.
Il est plus que leur chanteur favori : il est l'amour, l'ami, l'amant, le confident.

Patrick Bruel est **LE** succès des années 1989 et 1990. Il n'y a rien eu de semblable en France depuis Bécaud, Hallyday et Cloclo.

On campe en bas de chez lui, on embrasse sa voiture, les paparazzi le traquent impitoyablement, et jour et nuit résonne le fameux cri d'hystérie « Patriiiiick ! ! ! » poussé par des adolescentes qui tournent de l'œil à sa vue.
Il va devenir le sujet de toutes les conversa-

tions, l'objet de centaines d'articles et de débats savants, mais aussi la cible privilégiée des humoristes, à commencer par ceux de Canal +.

Où qu'il aille, c'est comme si un projecteur le suivait, le désignant à l'attention des foules. Sa vie change du tout au tout.

La gloire, quand on ne l'a pas, vous éblouit. Quand vous l'avez, elle vous plombe. Vos amis, vos amours, votre famille, vos vices et vos vertus, ce que vous faites de votre temps et ce que vous faites de votre argent, tout est passé au crible.

Vous appartenez au public qui vous a sacré, vous êtes le roi et vous êtes l'esclave, à la fois responsable de tout et de rien.
On ne vous vous voit pas, on vous imagine.

On l'a mis sur un piédestal du jour au lendemain, et des millions de bouches répètent ses refrains comme si c'était le miel de la terre. Mais, au milieu de ces foules en délire, Patrick est seul.

Seul, comme l'étaient James Dean, Marilyn Monroe, Elvis Presley, et tant d'autres...

C'est là que l'on voit qu'il a de solides référentiels : une bonne éducation, de l'humour et de la distance, qui vont l'aider à ne pas céder aux mirages. Il reste le Patrick que connaissent bien ses amis, le garçon simple, drôle, distancié.
Simplement, il apprend à se protéger, à ne pas dire oui à tout, à refuser gentiment. Il ne veut pas vivre au centre du soleil, il entend bien continuer à vivre sa vie d'homme, à commencer par celle de comédien.

Alors il trouve le temps de tourner avec Lelouch dans « Il y a des jours...et des lunes » (1989), avec Lanvin, et Chesnais. Puis il embraye sur une gigantesque tournée, car cet énorme succès de disques, il faut le transformer. Il se doit d'aller à la rencontre de celles et de ceux qui l'attendent.
Et puis, les hommes de marketing de sa société de production lui répètent à l'envi que c'est quand le fer est chaud qu'il faut le battre...

Car il y a cette autre réalité là : l'argent. Patrick représente beaucoup, énormément d'argent. Tout ce qu'il touche se transforme maintenant en or pour son entreprise, 14 Productions.

Cette tournée-là va l'entraîner sur les routes de France pendant plusieurs mois. Il fera

130 salles, qu'il chauffe à blanc et laisse exténuées. Patriiiick ! Patriiiiick ! Son public hurle si fort que c'est à peine si on entend l'orchestre. Seul dans son halo de lumière blanche, il assure, comme assuraient Brel, Brassens, Aznavour, les très grands. Il est l'un d'eux..

Exercice épuisant, physiquement comme mentalement : mais cet amour qui déferle, cette demande émotionnelle énorme, disproportionnée, comment ne pas la satisfaire ?

Les journalistes éberlués n'en reviennent pas. Dans la foulée, Patrick remplit le Zénith – ce n'est pourtant pas évident – et il double par une soirée à l'Olympia en décembre.

Tant de sérieux, tant de gentillesse, tant de talent : la profession devrait le récompenser aux Victoires de la musique mais, s'il est nominé trois fois, il ne remporte pas un seul prix.

Il est trop. Il a trop de tout. Il attendra. On verra quand on parlera moins de lui dans les journaux, quand on le verra moins à la télévision, quand il ne bétonnera plus les grilles de programmes des radios.

Patrick est blessé, mais il ne le montre pas. Il lui suffit qu'au « Printemps de Bourges », en mai de l'année suivante, 89 000 billets soient vendus sur son nom en quelques heures. Que ses chansons soient dans tous les charts européens et canadiens. Qu'on lui donne le prix Vincent Scotto en juin 91, et qu'en novembre il ait vendu 2,5 millions de « Alors, regarde ».
L'album « live » de la tournée, lui, cartonnera à 1 million supplémentaire !

Enfin, en 1992, il est sacré “meilleur Interprète masculin” aux Victoires de la musique. Il ne lui manquait que cette consécration-là, celle de ses consœurs et de ses confrères, ces femmes et ces hommes qui savent de quelles souffrances se paye une vocation d'artiste dans ce monde voué au matérialisme et à la consommation.

5

L'engagement

L'année 93, étrangement, sera une année silencieuse. Il lui faut bien quelques mois pour se remettre de son épuisant marathon et redescendre sur terre.
L'énorme lame de fond n'est pas retombée, et c'est tous les jours qu'on le sollicite.

Sans le dire, Patrick attend que l'hystérie retombe : il ne veut pas rester ce chanteur qui fait tourner la tête aux minettes. Son image de marque lui a échappé, il va s'employer à la reconquérir, patiemment.

En avril 94 sort son troisième album, intitulé sobrement « Bouge ».
Mick Lanaro est toujours aux manettes, mais la tonalité générale est plus rock, comme pour mieux casser cette image de chanteur romantique qui lui colle à la peau. Cette nouvelle image, plus virile, plus musclée, doit dérouter ses fans, car l'album a du mal à décoller.

Il faudra que Patrick reparte en tournée pour qu'enfin les ventes suivent.
Il y a toute une machinerie à faire tourner, des gens qu'il faut faire travailler, des investissements à rentabiliser. Un chanteur à succès, de nos jours, c'est aussi un chef d'entreprise, qu'on le veuille ou non.

Suivent quelques concerts à Bercy, pour satisfaire Paris. Lokua Kanza fait la première partie. Puis une deuxième tournée, en province celle-ci, fin 94, début 95, plus calme.

Patrick n'a pas abandonné le cinéma : il tourne « Profil bas », de Claude Zidi, puis « Les cent et une nuits » d'Agnès Varda (1994), face à deux monuments du cinéma : Michel Piccoli et Mastroianni. Qu'a pensé ce jour-là le gamin de Tlemcen et d'Argenteuil en entrant dans l'ombre de ces géants ? Probablement que dans cette ombre-là, le soleil brillait aussi fort qu'en Algérie...

Cinéma, toujours. Le printemps 95 le voit président du jury du Festival du film de Paris.

Puis retour à la chanson : à l'été 95, il est l'invité d'honneur des « Francofolies » de la Rochelle : Jean-Louis Foulquier y donne une « fête à Bruel » comme il a donné une « fête à Léo » (le grand, l'immense Ferré, qui est mort deux ans plus tôt en Toscane). Patrick y donne une interprétation bouleversante de « Quand les hommes vivront d'amour », avec Khaled et Youssou N'dour.

Cet été-là, la guerre civile déchire l'ancienne Yougoslavie, Jacques Chirac devient président de la République, et l'ONU fête ses cinquante ans. Le monde est toujours conduit par l'appétit de pouvoir et les sombres démons de l'intolérance et de la convoitise. Patrick a ses idées sur ce monde-là.
Il y a déjà quelque temps qu'il les a fait connaître, en 91 exactement.

L'enfant des colonies, le petit Israélite, l'exilé pied noir se sent trois fois français. Il a donc des choses à dire sur les dérives politiques qui affectent notre pays. En novembre 91, donc, il a débarqué avec fracas dans le débat politique lors d'une émission spéciale de 7/7 d'Anne Sinclair.

On était en pleine « Bruelmania », et la belle présentatrice aux yeux d'azur lui offrait le micro sur un plateau.

Et Patrick se lance. « Le Front National, c'est comme la drogue, et c'est une drogue dure en plus », martèle-t-il. Il montre du doigt une démocratie mise en péril par un fascisme rampant, qui fait son profit des difficultés économiques du moment. Il s'engage ainsi courageusement dans la seule armée qui vaille, celle des idées – n'en déplaise à Brassens.

Fraternité, égalité, liberté, il sait qu'il n'a que des quolibets à ramasser, de la part des beaux esprits, des cyniques et des rassis, mais il est né Benguigui, d'une communauté persécutée par la haine, et il a vu la guerre à l'œuvre dès sa prime enfance. C'est bien le moins qu'il s'exprime, et beaucoup n'en ont pas fait le dixième à l'époque.

Ce que certains échotiers appellent en ricanant « le bruelisme politique » n'empêchera tout de même pas le Front National de parvenir en seconde place aux élections présidentielles de 2002 : tout le monde n'écoute pas Bruel. Mais avec le recul, on en verra plus d'un, qui, comme Matthieu Chedid, avoueront « éprouver une honte absolue à ne pas avoir voté ».

Ce n'est pas faute à Patrick de les avoir prévenus. Dans la droite ligne de sa prise de position, il refusera à l'été 95 de chanter à

Orange et Toulon, deux villes qui se sont données un maire Front National.
C'était son privilège et son choix d'homme, et nul ne les a discutés.

Ce combat pour une société humaine, tolérante, compatissante envers les plus démunis, Patrick l'étend à toutes les luttes qui servent la dignité humaine, du « Télethon » et des « Restos du Cœur » à l' « Initiative pour la paix » de Genève – une idée pour laquelle il s'engage à fond aux côtés de sommités intellectuelles ou politiques comme Bernard-Henri Lévy, Marek Halter, Shimon Perez ou Hubert Védrine.

L'urgence d'une solution politique à l'interminable et sanglant conflit entre Israéliens et Palestiniens s'impose à tous. On verra, hélas, par la suite, qu'une tragédie ne s'arrête pas parce que des hommes de cœur l'ont ardemment désiré. Au moins auront-ils essayé, de toutes leurs faibles forces...

Certaines années sont décidément fastes. À l'automne 95, Patrick part pour le Venezuela tourner « Le Jaguar », de Francis Veber, où il est le partenaire d'un Jean Reno devenu incontournable après le succès du « Grand bleu ».

À son retour, il enregistre l'album "live" de « On s'était dit ». Le simple de promotion, « Pour exister », sort en novembre, et en février 96, il est au générique de « Sabrina », de Sydney Pollack. Son partenaire ? Harrisson Ford, rien que ça...

Le revoilà chez Lelouch, dans « Hommes, femmes, mode d'emploi », où il a pour partenaires Arditi et Lucchini. Puis chez l'ami Arcady, qui tourne « K », et où il a pour partenaires la belle Isabelle Ferrari. Il enchaîne avec « Toutes peines confondues », du talentueux Michel Deville et en 97, et tourne dans « Paparazzi » de Alain Barberian, avec Vincent Lindon et Patrick Timsit... Décidément, les trios lui vont bien.

C'est ensuite « Hors jeu » (1998), de Karim Dridi, « Les folies de Margaret », de Brian Skeet, et « Les jolies choses », de Gilles Paquet Brenner, avec l'émouvante Marion Cotillard, star montante du cinéma français.

1998, c'est aussi et surtout son étonnante victoire au championnat du monde de Las Vegas de... poker !
Car Patrick a plusieurs jardins secrets, et le poker en est un.

Ce n'est pas un jeu innocent, le poker, c'est un grand jeu, où Patrick se montre le plus grand. On entre là dans les zones mystérieuses de l'esprit où il ne laisse personne l'approcher. Patrick, homme public, est aussi un homme secret....

Il tourne « Le lait de la tendresse humaine », de Dominique Cabréra, avec Marylin Canto, et, en 2003, « Une vie à t'attendre », de Thierry Klifa, avec Nathalie Baye.

Pour la curiosité, rappelons qu'il a fait une voix en version française dans « Simbad, la légende des sept mers » de Tim Johnson, en compagnie de la sublime Monica Bellucci.

6

Le Bonheur Absolu

2002, c'est l'année où il tient le haut de l'affiche et, avec deux millions d'albums vendus, il devance à la fois Renaud (1,5 million), Johnny Hallyday et Indochine (1 million).

Adieu le bandana noir et blanc et le long manteau noir signé Armani de ses premières pochettes ! Le « crooner des ados », comme certains l'appelaient avec un peu de mépris, est maintenant un chanteur arrivé. S'il est toujours chez BMG, il peut se permettre d'avoir son propre label, qui donne leur chance aux débutants (ainsi Leyla Doriane, à qui il offre la première partie de son spectacle, et avec qui il chante un ensorcelant « Café des délices »).

L'année 2003 sera l'année de tous les bonheurs. Le sien, d'abord, son fils Oscar, né le 19 août 2003, 3,3kilos pour 49 cm. La maman, c'est Amanda Maruani, 24 ans, avec qui Patrick vit déjà depuis quelques années. Elle est par ailleurs l'auteur d'un premier roman : « Ma place sur la photo », paru chez Grasset.

Le petit garçon de Tlemcen qui avait honte de parler de son père arrive au bout d'un long et difficile chemin intime. L'antique malédiction est levée, il a perpétué son nom : Benguigui-Bruel. Car c'est ainsi qu'il s'appelle maintenant : l'état-civil a validé son changement de nom. Patrick n'a pas renié le premier, celui de sa mère : il y a ajouté celui qu'il s'est forgé à la force du poignet, en se cassant la voix.

Autre grand bonheur pour Patrick en 2003, un beau rôle au théâtre, face au monstre sacré qu'est Jacques Weber. Sur les planches de la Gaieté Montparnasse, Patrick interprète le personnage de Milo Tondle, dans la pièce d'Anthony Shaffer « Le limier ».

Et comme il n'oublie pas la chanson, il sort un album intitulé « Entre deux », qui sera le succès colossal, stupéfiant, de l'année. Patrick y reprend les grandes rengaines de l'entre-deux-guerres, période mythique de bonheur entre deux cataclysmes, d'où sont sorties ces immortelles chansons que sont « La java bleue », « Mon amant de Saint-Jean », « Ménilmontant », « La complainte de la butte » etc. Il les chante en duo avec Aznavour, Cabrel, Hallyday, Jean-Louis Aubert, Pascal Obispo, Jean-Jacques Goldman…

Combien en vend-t-il ? Deux millions.
Cet album lui rapporte le plus gros revenu de la SACEM cette année là : 5,2 millions d'euros !

7

L'amour et le jeu

Après un tel succès, Patrick Bruel ne s'endort pas sur ses lauriers. Histoire de fêter dignement ses 20 ans de succès dans la chanson, il sort pour la première fois depuis le début de sa carrière, une compilation intitulée « Puzzle » qui reprend ses plus grands tubes, dont la version espagnole de « J'te l'dis quand même », ainsi que quelques duos de légende comme « L'italien » avec Serge Reggiani ou « Sorry Seems to be the Hardest Word » avec Joe Cocker. Ce bilan discographique atteste, s'il en était besoin, de la place qu'occupe désormais Patrick Bruel dans le paysage musical français. Une place à part et au sommet qui lui permet d'être un des rares artistes de sa génération a avoir su fidéliser un public à travers les années et les modes si changeantes. C'est peut-être bien parce que lui-même ne change pas que Patrick réussit ce tour de force.

Si 2004 est l'année du bilan en chansons, c'est aussi l'année du virage dans la vie personnelle du chanteur.
Le mardi 21 septembre, il dit oui à la belle Amanda lors d'une cérémonie civile à la mairie du IVème arrondissement de Paris. Célébré par Bertrand Delanoë, ce mariage se déroule en présence de Johnny Hallyday et de sa femme Laeticia, d'Elie Chouraqui, d'Arthur et sa femme Estelle. Sûr de ses sentiments, sûr de lui-même, Patrick Bruel peut

désormais dire sans retenue à celle qu'il aime un "oui" pour la vie.

Sous la houlette d'Elie Chouraqui, 2005 marque le grand retour de Patrick Bruel devant les caméras aux côtés de Saïd Taghmaoui dans une adaptation d'un best-seller de Dominique Lapierre et Larry Collins, « Ô Jérusalem ». Le tournage de ce film, qui relate la création de l'État d'Israël, démarre au mois d'avril pour une sortie sur grand écran prévue en 2006.

Grand amateur de Poker et champion lui même, Patrick Bruel accepte aussi en 2005 de commenter les grandes parties pour Canal +, les « World Poker Tour ». De vraies parties de plaisir pour l'artiste, qui connaît toutes les ruses du poker pour l'avoir pratiqué très tôt en famille.

La famille, justement, valeur essentielle pour Patrick. Il agrandit la sienne le 28 septembre 2005 avec l'arrivée d'un frère pour Oscar, le petit Léon, qui pèse 3,4 kg et mesure 51 cm.

Un nouveau bonheur dans la vie du chanteur-comédien, qui sait désormais que la réussite d'un homme passe aussi par le bonheur d'une vie familiale épanouie et remplie.

Fidèle à lui-même, fidèle à ses idéaux, Patrick Bruel peut aujourd'hui regarder l'avenir sereinement.
Il avait une histoire, comme chacun d'entre nous.
Il s'est fait un destin comme personne.

FIN

DISCOGRAPHIE PATRICK BRUEL

ALBUMS STUDIO & LIVE

Cette discographie reprend tous les enregistrements de Patrick Bruel par ordre chronologique de première parution sur leur support original (33 tours & CD), à l'exclusion des 45 tours, singles, des compilations, rééditions, maxi 45 tours & pressages étrangers.

1986 – DE FACE

Regarde devant toi – Tout l'monde peut s'tromper – J'roule vers toi – L'appart' – Rêve à part – De face – Ca fait désordre – Musique vieille – J'ai l'béguin pour elle (avec Miou Miou) – Non j'veux pas (Remix) – Comment ça va pour vous ? – Marre de cette nana là.

1987 – A TOUT A L'HEURE

Comment ça va pour vous ? – De face – Puzzle – L'appart' – Non, j'veux pas ! – Rêve à part – Musique vieille – Ca fait désordre – J'roule vers toi – Marre de cette nana-là – Tout l'monde peut s'tromper – A tout à l'heure.

1989 – ALORS REGARDE

Même si on est fou – Casser la voix – Décalé – Alors regarde – Flash back – J'te l'dis quand même – Place des Grands Hommes – La fille de l'aéroport – Dors – Elle, elle m'regardait comme ça – Rock, haine, roles.

1991 – SI CE SOIR... (live)

CD1 : Alors regarde – Même si on est fou – Flash back – L'appart – Elle m'regardait comme ça – De face – J'te l'dis quand même – La fille de l'aéroport – Samba em preludio – Que sera que sera – Décalé – Musique vieille – Partir ailleurs.

CD2 : Comment ça va – j'roule vers toi – Marre de cette nana là – Place des Grands Hommes – Jeff – Dors – Casser la voix – Rock, haine, roles – Qui a le droit... – A tout à l'heure.

1994 – BRUEL

Quoique – Lâche-toi – Bouge ! – Pars pas – J'suis quand même là… - On t'attendait – Qu'est-ce que tu crois… - Combien de murs – S'laisser aimer – Joue, Docteur joue ! – Est-ce que tu danseras avec moi… - En bas des marches – Demain le monde ! – Rien à perdre – J'suis quand même là… (version acoustique).

1995 – ON S'ETAIT DIT… (live)

On t'attendait – Place des Grands Hommes – J'suis quand même là… – Dors – Alors regarde – Qui a le droit – Casser la voix – Quoique – Fernand – Combien de murs… – Est-ce que tu danseras avec moi… - Décalé – Pars pas – J'te l'dis quand même – S'laisser aimer – Pour exister.

1995 – PLAZA DE LOS HEREOS

Plaza de los hereos – Cuantas murallas…– J'suis quand même là… - Alors regarde – Me voy – Romper la voz – Décalé – Aunque no este bien – Joue, docteur joue ! – Rien à perdre – No volveremos a bailar… - Pars pas – Qui a le droit (live).

1999 – JUSTE AVANT

J'te mentirais… – Juste avant – Pour la vie – Tout s'efface – Trois ans et demi d'amour… – Peur de moi – Elle voulait tout – Elie – Nunca Mas (en duo avec Nilda Fernandez) – Au Café des Délices – Au bout de la marelle – Une chanson qui sert à rien.

2002 – ENTRE DEUX

Mon amant de Saint-Jean – Ménilmontant (duo avec Charles Aznavour) – Ah, si vous connaissiez ma poule – Paris je t'aime d'amour – Que reste-il de nos amours ? (duo avec Laurent Voulzy) – Vous qui passez sans me voir – Comme de bien entendu (duo avec Renaud) – Où sont tous mes amants ? (duo avec Sandrine Kiberlain et Emmanuelle Béart) – Je suis dans la dèche – Quand on s'promène au bord de l'eau (duo avec Jean-Louis Aubert) – Le temps des cerises (duo avec Jean-Jacques Goldman) – Qu'est-ce qu'on attend pour être heureux ? (duo avec Johnny Hallyday) – A Paris dans chaque faubourg (duo avec Danielle Darrieux) – La java bleue – La complainte de la butte (duo avec Francis Cabrel) – Le premier rendez-vous – Tout le jour toute la nuit (duo avec Kahimi Karie) – J'ai ta main (duo avec Zazie) – Ramona – Celui qui s'en va (duo avec Alain Souchon) – On n'a pas tous les jours vingt ans – La romance de Paris – Parlez-moi d'amour – A contretemps.

2004 – PUZZLE (compilation 1984 / 2004)

CD1 : Place des Grands Hommes – Dors – J'te l'dis quand même (version espagnole) – L'Italien (avec Serge Reggiani) – Casser la voix – Demain – Au café des Délices – Qui a le droit (avec Ana Torroja) – Jeff (live) – Alors regarde – Tout s'efface – Sorry Seems to be the hardest word (avec Joe Cocker).

CD2 : Pour la vie – Décalé – J'suis quand même là – Les rues de Philadelphie (avec Jean-Louis Aubert) – Elie – A contretemps – J'te mentirais – Combien de murs – Bouge ! – On t'attendait (live) – Marre de cette nana là – Comment ça va pour vous ? – Puzzle (version 2004).

Bonus vidéo : les spots TV du live 2001 + le clip de « Pars pas » 1994.

FILMOGRAPHIE PATRICK BRUEL

1979 - LE COUP DE SIROCCO
d'Alexandre Arcady
1982 - MA FEMME S'APPELLE REVIENS
de Patrice Leconte
1982 - LE BATARD de Bertrand Van Effenterre
1982 - LES DIPLOMES DU DERNIER RANG
de Christian Gion
1983 - LE GRAND CARNAVAL
d'Alexandre Arcady
1984 - MARCHE A L'OMBRE de Michel Blanc
1984 - LA TETE DANS LE SAC
de Gérard Lauzier
1985 - P.R.O.F.S. de Patrick Shulman
1986 - LA MEMOIRE TATOUEE de Rida Dehi
1986 - SUIVEZ MON REGARD de Jean Curtelin
1986 - CHAMPAGNE AMER de Rida Dehi
1987 - ATTENTION, BANDITS
de Claude Lelouch
1987 - LA MAISON ASSASSINEE
de Georges Lautner
1988 - L'UNION SACREE d'Alexandre Arcady
1989 - FORCE MAJEURE de Pierre Jolivet
1990 - IL Y A DES JOURS... ET DES LUNES
de Claude Lelouch

1992 - TOUTES PEINES CONFONDUES
de Michel Deville
1994 - PROFIL BAS de Claude Zidi
1995 - LES CENT ET UNE NUITS
d'Agnès Varda
1996 - SABRINA de Sydney Pollack
1996 - HOMMES FEMMES : MODE D'EMPLOI
de Claude Lelouch
1996 - LE JAGUAR de Francis Veber
1997 - K d'Alexandre Arcady
1998 - PAPARAZZI d'Alain Berbérian
1998 - LES FOLIES DE MARGARET
de Brian Skeet
1998 - HORS JEU de Karin Dridi
1999 - LOST FOUND de Jeff Pollack
2001 - LE LAIT DE LA TENDRESSE HUMAINE
de Dominique Cabrera
2001 - LES JOLIES CHOSES
de Gilles Paquet-Brenner
2004 - UNE VIE A T'ATTENDRE de Thierry Klifa
2006 - EL LOBO de Miguel Courtois
2006 - LA COMEDIE DU POUVOIR
de Claude Chabrol
2006 - BEYOND FRIENDSHIP d'Elie Chouraqui

• • • SAGIM • CANALE • • •

Achevé d'imprimer en octobre 2005
sur rotative Variquik
à Courtry (77181)

Imprimé en France

Dépôt légal : octobre 2005
N° d'impression : 8884

L'imprimerie Sagim-Canale est titulaire de la marque
Imprim'vert© 2005